G. DE PELLERIN DE LATOUCHE

LES BIENS DE L'ÉGLISE

A L'ÉTANG-LA-VILLE

REVUE DE L'HISTOIRE DE VERSAILLES ET DE SEINE-ET-OISE

VERSAILLES
LIBRAIRIE L. BERNARD, 17, RUE HOCHE.

1907

LES BIENS DE L'ÉGLISE

A L'ÉTANG-LA-VILLE

G. DE PELLERIN DE LATOUCHE

LES BIENS DE L'ÉGLISE

A L'ÉTANG-LA-VILLE

REVUE DE L'HISTOIRE DE VERSAILLES ET DE SEINE-ET-OISE

VERSAILLES

LIBRAIRIE L. BERNARD, 17, RUE HOCHE.

1907

LES BIENS DE L'ÉGLISE

A L'ÉTANG-LA-VILLE

Le village de l'Etang-la-Ville, enfoui dans une vallée pittoresque qui forme enclave entre Saint-Germain-en-Laye et Marly-le-Roi, dans la forêt domaniale de Marly, offre l'intérêt d'une histoire locale que la qualité des personnages qui en furent les seigneurs rapproche de la Grande Histoire. Possédée de 1372 à 1409 par Jehan de Montaigu, surintendant des finances, conseiller du roi Charles VI, la seigneurie de l'Etang-la-Ville resta, pendant plus de deux siècles, la propriété des Séguier, et sortit de cette illustre famille par la vente qu'en fit, en 1700, la duchesse du Lude, petite-fille du chancelier Séguier, dame d'honneur de la duchesse de Bourgogne, à Gabriel Fonton de Vaugelas, contrôleur de la maison de cette princesse.

Cette histoire locale, ébauchée par Adrien Maquet, dans les *Mémoires de la Société de l'Histoire de Paris et de l'Ile-de-France* (t. XI, 1884), reste toutefois à écrire, et les lignes suivantes, extraites des notes rassemblées dans ce but, témoigneront d'une intention qu'encourage l'accueil qu'a bien voulu leur faire la *Revue de l'Histoire de Versailles et de Seine-et-Oise.*

Ces lignes, toutefois, ne se rapportent ni à la possession de Jehan de Montaigu, ni aux célèbres Séguier, ni à la grande dame que fut la duchesse du Lude, ni encore aux plus modestes gentilshommes qui habitèrent l'Etang-la-Ville pendant le XVIIIe siècle; elles ont trait aux « Biens de l'Eglise », menus biens généralement réduits, dans nos petites paroisses d'Ile-de-France, au presbytère, à quelques masures et pièces de terre, sur les vicissitudes desquels l'actualité des événements appelle, ici comme ailleurs, l'attention.

I

LES IMMEUBLES ET LA DIME SOUS L'ANCIEN RÉGIME

Le *presbytère* était primitivement situé au sud de l'église, sur l'emplacement de la grange qui appartient aujourd'hui à M. Chabanné et qui, restée avec le jardin contigu jusqu'en 1793 propriété de la Fabrique, servait à abriter les produits de la dîme curiale (1).

En 1632, le curé Aubin de Noyelles possédait une maison qui occupait une partie du terrain sur lequel a été édifié, peu d'années après, le presbytère actuel, où le curé Michel Hennin, successeur d'Aubin de Noyelles en 1641, était installé. Il est vraisemblable qu'Aubin de Noyelles avait, de son vivant, donné ou vendu sa maison à la Fabrique, et il est certain que le nouveau presbytère fut composé de cette maison et de deux travées sur trois de la maison voisine qui appartenait, en 1632, à Jehan Delaborne, boulanger (2). La troisième travée de la maison de Jehan Delaborne fut acquise de sa fille Madeleine Delaborne, femme d'Antoine Collas, en 1657, par la Fabrique, pour en faire la maison vicariale.

Cette disposition des immeubles de la cure se retrouve encore aujourd'hui. Le presbytère se compose bien de deux corps de bâtiment, quoique la façade sur la rue ait été uniformisée, et la maison vicariale, qui subsiste dans son état primitif, n'en est séparée que par une simple cloison.

La seule description du presbytère que l'on trouve est donnée dans l'acte de vente (3) par lequel il fut aliéné comme bien national, en 1796. Malgré les nombreuses réparations exécutées depuis un siècle, et nécessitées par la vétusté de l'immeuble, le seul changement appréciable apporté à la disposition des lieux décrits dans cet acte est l'ouverture d'une porte d'entrée au bas

(1) Aveu de la Fabrique du 30 juillet 1766. (Archives du château.)

(2) Aveu de Jehan Delaborne du 4 novembre 1632. (Minutes du notaire de l'Etang-la-Ville.)

(3) Archives départementales, série Q.

de l'escalier, dans la façade sur la rue ; la seule porte existant autrefois était celle qui s'ouvre sur le terrain d'accès du château à l'église.

La *maison vicariale* ou *vicariat*, achetée en 1657, comme on vient de l'apprendre, n'a subi évidemment aucune retouche importante depuis sa construction, qui date du commencement du XVIe siècle. La lucarne qui éclaire le comble en consacre l'origine.

C'est en 1506, en effet, que Blaise Séguier, seigneur de l'Etang-la-Ville, « accorda » à l'église et à quelques habitants, ainsi qu'en fait foi un acte de cette époque reçu par Paramour, notaire à Saint-Germain-en-Laye, les terrains en bordure et en contre-bas de la rue de l'Eglise, tant pour créer un second cimetière que pour favoriser le développement du village ; il se réserva dans ces terrains, pour se rendre à l'église, un passage que, par un accord du 25 juin 1759, l'un de ses successeurs restreignit à 13 pieds de large (1).

Cette modeste maison fournissait aux vicaires un bien petit logement, mais ces ecclésiastiques, auxiliaires du curé à une époque où la charge paroissiale était assurément plus lourde qu'aujourd'hui, se contentaient de peu ; et, pourtant, dans l'humble vicariat de l'Etang-la-Ville, se succédèrent des prêtres souvent distingués, qu'attendaient de plus hautes destinées. Témoin : Emmanuel-Théodore Loreille, vicaire de l'Etang, en 1712, qui devint chapelain du château de Marly.

Dans l'étroit jardin de la maison vicariale aboutissant au mur du parc du seigneur, la Fabrique construisit, vers 1785, un second bâtiment dont elle tirait profit par location. Les deux corps de logis appartiennent aujourd'hui à la veuve Daumain qui les habite avec ses petits-enfants.

La *maison d'école* faisait corps pour ainsi dire avec l'église et « masquait », dit le baron de Guilhermy dans la description qu'il a faite de l'église en 1847, le porche antique. Ainsi placée, elle justifiait bien l'étymologie du mot « parvis », qui vient de ce que les petits enfants, les « parvi », étaient instruits devant la porte de l'église. Très ancienne, sans doute, elle était en fort mauvais état quand le curé Michel Hennin fit marché, le

(1) Titre original, aux archives de la Mairie.

4 avril 1666, avec Pierre Lamoureux, maître maçon à Demontval, « pour toutes les ouvrages de massonerye nécessaires à faire et réparer en la chambre d'escolle attenante à l'église (1) ». Elle contenait l'escalier par lequel on montait aux combles de l'église et au clocher.

Vendue comme bien national avec la maison vicariale et les immeubles qui suivent, comme on le verra plus loin, au même acquéreur, elle fut rachetée par la commune, en 1829, pour la somme de 1,060 francs, dont la majeure partie (800 francs) fut donnée par la famille des derniers seigneurs, MM. de Fonton. On la démolit alors pour dégager l'entrée de l'église.

La *grange de la Dîme*, située près et au sud de l'église, adossée à la côte qui domine le village, avait remplacé, au milieu du XVIIe siècle, l'ancien presbytère. Elle n'offrait et n'offre rien de particulier à signaler. De Jean Monduit, maçon, son acquéreur à l'adjudication des biens nationaux, elle passa aux Rousselet; des Rousselet aux Boivin; elle est devenue aujourd'hui la propriété de M. Julien Chabanné, par son mariage avec une demoiselle Boivin. Le jardin qui la touche, ancien jardin du curé, d'une contenance de 12 à 13 perches, a suivi le même sort.

La *dîme*, anciennement écrit la *dixme* ou les *dixmes*, était une certaine partie des fruits de la terre, ordinairement le dixième, que l'on payait au curé, à l'église ou aux seigneurs.

Institué par les conciles de Tours en 567 et de Mâcon en 585, en faveur des églises, cet impôt devint, sous Charlemagne, à partir de 794, une obligation. A l'époque féodale, des seigneurs en usurpèrent le droit ou l'acquirent des églises; il n'en fut point ainsi à l'Etang-la-Ville, où les curés y ont joui des dîmes et les ont exercées sur tout le territoire de leur paroisse, y compris les biens du seigneur et du Roi, jusqu'à la Révolution. C'était un impôt proportionnel sur le revenu destiné à assurer l'existence des pasteurs.

Pour recevoir en nature les prélèvements qu'ils opéraient sur les récoltes, les curés avaient ordinairement des granges, et des caves dans les pays vignobles, affectées à l'emmagasinement des denrées, fruits, céréales et vins; mais, fréquemment, ils affermaient le produit des dîmes pour s'en éviter la perception ou

(1) Minutes du notaire de l'Etang-la-Ville.

la mise en magasin. C'est ce qui fut fait par plusieurs curés de l'Etang-la-Ville, et notamment lorsque, antérieurement à 1642, ils ne possédaient pas de grange.

« Le 30 mai 1638, Messire Aubin de Noyelles, curé de Notre-Dame de l'Etang-la-Ville, afferme pour quatre ans, à prix annuel de 336 livres, à Jacques Bourgeois, sergent et garde pour le Roy, en la forêt de Cruye, toutes les dixmes tant de blé, vin, orge, grains et autres qui lui appartiennent. »

Le 28 décembre 1641, son successeur, Michel Hennin, consent le même fermage pour six ans, au prix de 420 livres, à Jean Delaborne, boulanger à l'Etang-la-Ville, et à Jean Riet, demeurant à la Montagne. En 1643, l'ancien presbytère ayant été transformé en grange, le curé Hennin obtient de Jean Riet la rétrocession de sa part de fermage et perçoit désormais en nature la moitié des dîmes (1).

Lorsqu'en 1696, 1714 et 1721, les rois Louis XIV et Louis XV expropriérent de quelques arpents de terre les habitants de l'Etang-la-Ville et leur seigneur pour former et agrandir le grand parc de Marly, l'estimation de la dîme que les curés devaient cesser de percevoir sur ces terrains fut faite et une indemnité annuelle leur fut versée par la Couronne jusqu'à la Révolution (2).

Dans sa déclaration du 24 janvier 1729 (3), pour l'Assemblée générale du Clergé de France de 1730, le curé Allardin évaluait le produit de ses droits à la dîme, dans les termes suivants :

« Le curé est seul décimateur dans la paroisse, et le terroir étant fort resserré et petit à cause des anclautures que le Roy a fait faire dans son parc, il perçoit en grains environ de quoi monter à la somme de 50 ou 60 francs, selon l'évaluation, cy. . . . . 55 livres.

« Plus environ, en vin, la somme de 300 liv., selon l'évaluation, cy. . . . . 300 »

« Les menues ou vertes dixmes (4), environ la somme de 25 à 30 livres, cy. . . . . 27 »

A reporter. . . . . 382 livres. »

(1) Minutes du notaire de l'Etang-la-Ville.

(2) Archives nationales, registre O¹2220, f° 274, Comptes des bâtiments du Roi.

(3) Archives nationales, Q¹1473.

(4) Les foins et herbages.

*

Report	382 livres.
Il se déclarait, en outre, « bénéficiaire d'une rente de	261 »
à prendre sur les bois et maîtrise de Saint-Germain-en-Laye, pour dédommagement de dixme, à cause des terres que le Roy a fait enclore dans son parc de Marly, conformément aux arrests du Conseil d'Etat du Roy du dixième juillet 1696 et du 23 septembre 1721 ».	
Ce qui portait le total du produit de la dîme à	643 livres.

et constituait les plus clairs revenus du curé.

Le 3 mai 1762, Jean-Baptiste Durant venant d'être pourvu de la cure de l'Etang-la-Ville, les syndics et marguilliers en charge déclarent (1) que les revenus annuels du curé consistent : 1° en 383 liv. 17 s. de rente, savoir : les 261 livres déclarées en 1729 par le curé Allardin; 12 liv. 10 s. sur René Bicheret et 109 livres sur les revenus de la Fabrique, pour l'acquit des fondations.

« Comme aussy ils déclarent que, à l'égard des dixmes appartenant à la dite cure, peuvent valoir, année commune :

« 1° La récolte des foins, grains, pailles et dixmes vertes.	250 livres.
« 2° La récolte des vins	800 livres. »

Cette déclaration porte à 1,050 livres l'évaluation des dîmes en nature que le curé Allardin estimait trente ans auparavant ne valoir que 382 livres. Il convient de remarquer que les évaluations de ce genre devaient subir au XVIIIe siècle, comme elles la subiraient au XXe, l'influence de la situation intéressée du déclarant.

En 1790, le curé Moullé, invité à fournir les bases de l'évaluation du traitement qui devra lui être alloué en conformité du décret des 6 et 11 août de cette même année, déclare que les revenus de sa cure s'élèvent à 1,983 liv. 14 s. 6 d., y compris 100 livres de casuel. Les dîmes en nature sont alors évaluées

(1) Minutes du notaire de l'Etang-la-Ville.

1,500 livres. Le Directoire du district de Saint-Germain-en-Laye, sur l'avis de la municipalité de l'Etang-la-Ville, rejeta l'évaluation du curé et estima que son traitement de compensation serait fixé à 1,200 livres (1). Et ce fut la fin de la dîme!

Maison du « Cabaret ». La Fabrique possédait encore *une maison* qu'elle avait acquise le 12 novembre 1756, devant Sicard, notaire à Meudon, des héritiers de Claude Brot, maçon limousin, et dont elle tirait parti par location. C'était une masure de deux travées qu'en 1649, Maurice Verneuil, qui l'avait héritée de son beau-père Gilles Clérambourg, avait affectée à la garantie d'une rente de 4 liv. 10 s. qu'il devait à l'église (2). Elle était située au-dessous du cimetière, lieu dit le « Cabaret », entre le mur du parc du seigneur et la maison que les Barbier possédèrent pendant plus d'un siècle, aujourd'hui enclose dans le parc et servant d'habitation à l'un des concierges du château. Elle a été démolie en 1891, époque du déplacement du mur du parc, alors porté aux limites de l'ancien cimetière devenu place de l'Eglise.

Ses locataires furent, en 1762, Jean Latelais, fils du jardinier du seigneur, qui payait 48 livres de location à la Fabrique; en 1773, Jean-Louis Richard, qui payait 39 livres. — On y avait provisoirement installé l'école dès la confiscation des biens de la Fabrique.

Quant aux *terres de l'Eglise*, l'état des biens de la Fabrique, fourni le 24 avril 1794 par la municipalité (3), les désigne comme suit :

1° Une pièce de terre en friche, située terroir du Pecq, contenant 45 à 50 perches, lieu dit la « Béquillette »;

2° Une autre pièce de terre en friche, située au terroir de Marly, lieu dit le « Val-de-Cruye », contenant 50 perches;

3° Une autre pièce de terre plantée en vigne, située au terroir du Pecq, lieu dit la « Volandrie », contenant 11 perches;

4° Une pièce de terre en pré, provenant de la Cure, située au terroir de l'Etang, lieu dit « Jumelles », contenant 5 perches.

L'origine de la propriété de ces biens était très ancienne.

(1) Archives de Seine-et-Oise, série L.II.v.

(2) Minutes du notaire de l'Etang-la-Ville.

(3) Archives de Seine-et-Oise, série Q.

A part la vigne de la « Volandrie » qui avait été léguée à l'église par Charles Bellavoine, le 16 septembre 1694, les autres pièces étaient les débris de possessions nombreuses et plus importantes que, dès les temps les plus reculés, les seigneurs, les curés eux-mêmes et les habitants avaient donnés à l'église.

La plus ancienne libéralité de ce genre connue est la donation que fit au curé, par son testament de 1208, Geoffroy de Neauphle, frère et successeur de Guy de Neauphle dans la seigneurie de l'Etang-la-Ville, d'un arpent de terre « *et presbitero de Stanno unum arpentum terra justa suam qui est justa cultura meam* » (1). Cet arpent fut dès lors désigné sous le nom d' « Arpent du Curé ». Aliéné par la Fabrique à une époque ignorée, il fut racheté par le curé Michel Hennin de ses propres deniers, en 1660, et vendu en 1684, par les héritiers de celui-ci, à Guy de Montallot, avocat au Parlement de Paris, qui avait une maison de campagne à l'Etang (2) et qui fit de ce terrain un beau verger. L'héritier de Guy de Montallot, M. Lecouturier de Saint-Martin, en fut propriétaire de 1711 à 1746, et c'est pourquoi l' « Arpent du Curé » s'appela et se nomme encore aujourd'hui le « Clos Saint-Martin ».

Que l'on ne s'étonne pas de l'aliénation fréquente des biens d'Eglise sous l'ancien régime. Ils étaient légués la plupart du temps en fondation de messes par des paroissiens relativement aisés, qui n'avaient d'autre fortune que des morceaux de terre, et, comme l'entretien de l'église nécessitait des dépenses très supérieures aux produits des biens de la Fabrique, on vendait, suivant les besoins et selon les occasions, les parcelles héritées. Seuls, les seigneurs pouvaient s'offrir le luxe des donations de capitaux :

« Le 30 mars 1643, Marguerite de Menisson, veuve de Tanneguy Séguier, dame de l'Etang-la-Ville, remet aux marguilliers Pierre Martineau et Nicolas Despoitz 300 livres léguées par son mari à l'église de l'Etang-la-Ville, à charge de faire dire douze messes basses par an à perpétuité, pour le repos de l'âme du défunt seigneur et président Séguier (3). »

(1) *Cartulaire de l'Abbaye des Vaux-de-Cernay*, t. Ier, p. 189, et *Cartulaire de Notre-Dame de la Roche*, p. 62.

(2) Maison des Mignottries.

(3) Minutes du notaire de l'Etang-la-Ville.

Il serait oiseux de multiplier les exemples de terres données à l'église et revendues par la Fabrique, mais, pour ne s'occuper que de celles qu'elle possédait à l'époque de la Révolution et dont la désignation précède, il convient de noter que, dès le commencement du XVIIe siècle, l'église de Notre-Dame de l'Etang-la-Ville possédait plusieurs pièces de vigne au lieu dit les « Jumelles », deux arpents de bois au « Val-de-Cruye » et deux quartiers de vigne à la « Béquillette », terroir du Pecq.

II

RÉVOLUTION. — ABOLITION DU CULTE

Ce qu'il advint de l'église et des biens d'Eglise à l'Etang-la-Ville à l'époque de la Révolution est révélé par les procès-verbaux des délibérations du Conseil de la commune.

Messire Jean-Baptiste Moullé, curé depuis 1776, avait refusé le serment le 13 janvier 1791 ; il fut remplacé provisoirement d'abord par un prêtre récollet de Saint-Germain, assermenté, nommé Léandre Gauchier, puis, le 18 mai 1791, et pour quelques mois seulement, par un abbé Lesage, précédemment vicaire à Carrières.

Le 26 octobre de la même année, Mathieu-Mathurin-Luperce Besnard, prêtre assermenté, prenait possession de la cure constitutionnelle de l'Etang. Il abdiqua solennellement ses fonctions sacerdotales le 19 frimaire an II (9 décembre 1793), et se maria à l'Etang-la-Ville quatre jours après.

C'est de ce moment que datent les plus anciennes délibérations du Conseil de la commune. Leur rédaction, œuvre de Gilles Blondeau, secrétaire-greffier du Conseil, ancien clerc de la paroisse, ancien chantre et sacristain, maître d'école, a, en raison de ce passé, une saveur toute particulière. Il y a lieu d'en respecter le style ampoulé, qui devait faire l'admiration des notables, et c'est le texte même de ces délibérations qui aidera le mieux au récit des événements à consigner :

« Le 22 frimaire an II (13 décembre 1793), le Conseil municipal, ainsi que le Conseil général de la commune, réunis à l'effet de délibérer sur la demande à faire à l'Administration du district de la Montagne-du-Bon-Air (1) de la ci-devant maison des charlatans fanatiques dénommée sous le nom de Presbytère, pour être convertie en maison d'instruction publique, lieu des séances et maison commune. Le Conseil général, considérant qu'il est important pour une autorité constituée d'avoir un lieu assuré pour ses délibérations, ainsi que pour l'instruction publique des jeunes élèves républicains ; ouï le procureur de la commune, arrête : 1° que la demande de la dite maison sera faite à l'Administration du district et qu'elle sera invitée de prendre le présent en considération ; 2° que l'Administration sera de même invitée à vouloir accepter le nom de l'Etang-les-Sources au lieu de celui de l'Etang-la-Ville. — *Signé :* Jean BELLAVOINE, maire ; LEMOINE et Nicolas GUITEL, officiers municipaux ; P.-Th. LEVÉE, procureur de la commune ; Pierre BELLAVOINE, Pierre LÉCOSSOIS, BICHERET, PELTIER, GUITEL, Jean-Nicaise MUSSÉ, L. JOBERT, Claude POULLALIÉ, Gilles BLONDEAU, secrétaire-greffier. »

On ne perçoit pas le rapport de la deuxième partie de l'arrêté ci-dessus avec la délibération qui le précède. Changer le nom de *l'Etang-la-Ville* en celui de *l'Etang-les-Sources* à propos de la désaffectation du presbytère est l'aveu qu'on eût été sans doute fort embarrassé pour expliquer et justifier une mesure inutilement ridicule.

Le second arrêté sur le même objet est pris un mois plus tard, le 18 nivôse (8 janvier 1791), et est ainsi conçu :

« Considérant le besoin où se trouve le Conseil général d'avoir un lieu solide et propre à déposer ses archives, attendu qu'elles se trouvent en ce moment déposées dans différents endroits incertains ; considérant que le nombre des enfants qui se montrent être voués à l'instruction nationale demande aussi un local propre et vaste pour pouvoir contenir ces élèves républicains ; considérant le décret du 25 brumaire dernier, qui destine au soulagement de l'humanité souffrante et à l'instruction publique les presbytères des communes qui auront renoncé au culte catholique ; considérant enfin que la commune de l'Etang-les-Sources a renoncé et abdiqué le culte public, vu le transport des effets d'argenterie et cuivre qu'elle a fait à l'administration

(1) Saint-Germain-en-Laye.

du Directoire du district de la Montagne-du-Bon-Air et qu'elle attend journellement un commissaire pour l'enlèvement des linges et autres effets provenant du cy-devant culte, arrête : une députation prise dans le sein du dit Conseil se portera au district pour y porter le présent arrêté additionnel à celui du 22 frimaire et l'inviter à les prendre en considération. »

Le 27 frimaire (18 décembre 1793), en effet, Claude et Pierre Bellavoine, délégués par le Conseil, avaient porté et remis au Directoire de la Montagne-du-Bon-Air « divers objets et autres petits outils à bon Dieu.(1) » dont la nomenclature suit :

« Seize marcs trois onces d'argent provenant d'une croix processionnelle (2) ;

« Deux calices et leurs patennes, un ciboire et un soleil ;

« Cent cinquante livres de cuivre provenant de deux encensoirs et une navette, d'une petite croix, de quatre autres croix, de seize chandeliers, d'une lampe et d'un bénitier ;

« Deux marcs, une once, quatre gros d'argent provenant de trois tasses à quêter des cy-devant confréries et d'un petit vase à huile sainte. »

Quant aux « linges et autres effets du cy-devant culte », on se montrait très pressé d'avoir l'autorisation de les vendre au profit de la commune; mais ce n'est qu'au mois d'avril 1794 (3 floréal an II) que cette autorisation fut donnée et, comme on le verra plus loin, au mois de juin, que la vente aux enchères eut lieu.

Entre temps, l'église avait été affectée au culte de la Raison, et pour consacrer cette affectation, on s'y livra, à l'occasion de la prise de Toulon, à une fête dont on a jugé à propos de coucher le procès-verbal sur le registre des délibérations du Conseil :

« Aujourd'hui décadi 20 nivôse an II (10 janvier 1794) de la République, une et indivisible, nous, membres composant le Corps municipal et le Conseil général de la commune de l'Etang-les-Sources, réunis avec tous les citoyens de cette commune, conformément à la loi du 4 nivôse présent mois, relative à la

(1) Délibération du 23 frimaire (14 décembre 1793).

(2) Cette croix était sans doute celle « figurée de la Passion, de valeur de six vingt quinze livres », qui fut donnée à l'église, le 31 octobre 1641, par Charlotte de Pitet, veuve de Nicolas Massart, femme de charge de Tanneguy Séguier, seigneur de l'Etang-la-Ville. (Minutes du notaire de l'Etang-la-Ville.)

reprise de l'infâme Toulon; les citoyens étant assemblés au temple de la Raison, à onze heures du matin, la loy y fut proclamée avec toute l'énergie républicaine, et des cris mille et mille fois répétés se faisaient entendre de : «Vive la République française une et indivisible ! » de : « Vive la Nation ! » « Vive la Montagne ! » Ensuite le cortège prit sa marche dans la rue et fit le tour de la commune où, à tous les carrefours et places publiques, les mêmes cris furent répétés, et des versets d'hymnes à la liberté furent chantés avec les instruments qu'il fut possible de trouver. On y remarquait aussi, comme histoire naturelle, que chacun y portait l'outil convenable à son métier : le vigneron portait la houe, sa serpette ou sa binette ; d'autres portaient la hotte et d'autres meubles aratoires ; le bûcheron portait sa cognée et sa hache ; enfin, d'autres portaient du raisin et autres choses provenant de l'agriculture. Le retour s'étant effectué à une heure après midi, chacun fut invité de se rassembler avec sa famille au temple de la Raison et d'y apporter, chacun en son pouvoir, de quoi dîner afin de fraterniser, ce qui fut fait sur-le-champ; chacun s'est empressé d'y concourir avec chacun sa famille plus ou moins nombreuse.

« Pendant cette cérémonie civique et républicaine, les vieux débris de la superstition concernant les rois inutiles à la République ont été livrés aux flammes où chacun s'est chauffé à ce feu patriotique. Dans plusieurs de ces vieilles vermoulures ont été trouvés des fers, du plomb, du cuivre et un peu d'étain qui seront portés au plus tôt à l'Administration du district de la Montagne-du-Bon-Air.

« Enfin, chacun a fraternisé en buvant et mangeant pêle-mêle dans ce temple consacré à toutes les sortes de cérémonies civiques, et des danses publiques ont succédé cet autodafé et cette solennité républicaine.

« *Signé :* Jean Bellavoine, maire ; Lemoine, officier municipal ; Nicolas Guitel, officier municipal ; Pierre-Thomas Levée, agent national ; Peltier, Bicheret, Lécossois, notables ; Gilles Blondeau, secrétaire-greffier. »

Le septidi 7 pluviôse (27 janvier 1794), en rappelant sa demande du 18 nivôse, le Conseil exprime le vœu qu'il soit procédé à la vente ou à la location des autres biens de la Fabrique, savoir :

« Deux maisons (la maison vicariale et la maison du Cabaret), cent treize perches de terre ou environ et une grange servant autrefois à cette vile féodalité de dixme, tenant à un jardin, lesquels dixme et jardin servaient à alimenter ces bêtes furieuses surnommées prêtres, et cinq perches de la cure, non compris le jardin des ci-devant bêtes noires. »

Il renouvelle l'expression de ses désirs le 14 pluviôse (3 février), et quelques jours après — le 27 pluviôse — il délègue au district Jean Bellavoine, maire, et Pierre-Thomas Levée pour inviter l'Administration à « vouloir bien déduire des renseignements pour tirer parti de toutes ces vieilles casaques de rien, chéries par les vils calotins, ainsi que plusieurs vieilles vermoulures provenant aussi des bancs et autres outils de pareille nature ».

« Le 29 germinal (19 avril 1794), le Conseil général de la commune, réuni au Corps municipal de l'Etang-les-Sources, considérant que le fanatisme abatu quant aux hommes dégénérés qui le gouvernaient, il est aussi très important de faire disparaître de devant les yeux de quelques partisans de cette caste maudite les vêtements avec lesquels revêtus ils nous faisaient courber devant eux ; considérant que, pour remplacer au temple de la Raison les attributs superstitieux qui y étaient, un autel à la Patrie est l'emblème seul qui doit remplacer ces vils attributs ; considérant que, pour parvenir à cette dépense, les restes des autels et autres choses de pareille nature, avec lesquels l'Etre suprême, comme les hommes, ne jouissait de ses droits, deviendraient un petit produit à peu près convenable pour cette dépense ; considérant, enfin, que tout ce qui était nécessaire pour le salut de la Patrie a été porté à l'Administration du district, comme métail, plomb, fert et linge, et qui ne reste en fin que des débris inutiles à la société générale, arrête que le présent sera porté sans délai à l'Administration du district de la Montagne-du-Bon-Air avec l'état des effets qui sont restés et qu'elle est invitée à joindre son homologation au-dessous dicelui (orthographe respectée).

« *Signé* : Jean BELLAVOINE, maire ; LEMOINE, officier municipal ; Pierre-Thomas LEVÉE, agent national ; Pierre BELLAVOINE, BICHERET, PELTIER, LÉCOSSOIS, notables ; Gilles BLONDEAU, secrétaire-greffier. »

Les impatiences révélées par les délibérations qui précèdent

vont recevoir satisfaction. Crassous, le représentant du peuple dans les départements de Seine-et-Oise et Paris, est à Saint-Germain. On lui délègue une députation, le 4 prairial (3 juin 1794), chargée de lui représenter qu'aux termes du décret du 18 floréal et du rapport qu'a fait Maximilien Robespierre au Comité de Salut public, « il est du devoir de la commune de l'Etang-les-Sources de prendre toutes les mesures les plus promptes pour décorer le temple où s'assemble le peuple les jours de « décadis » et de lui demander l'autorisation d'affecter à la dépense de cette décoration le produit de la vente des effets et linges de l'église ».

Cette démarche était bien de nature à toucher le cœur de Crassous, mais elle était inutile, car, dès le 18 floréal, les demandes antérieures du Conseil de l'Etang-les-Sources avaient reçu son approbation. Il avait signé à Pontoise, au cours d'une tournée patriotique, comme Napoléon signa des décrets à Moscou, l'homologation attendue par les gens de l'Etang.

Aussi, sans perdre de temps, mais après avoir annoncé dans les communes environnantes : Noisy, l'Union-la-Bretèche, Fourqueux, Mareil, Montagne-du-Bon-Air, le Pecq, Port-Marly et Marly-la-Machine, la vente aux enchères des meubles et effets du cy-devant culte catholique, la municipalité de l'Etang-la-Ville, par le ministère de Pierre-Thomas Levée, son agent national, procéda-t-elle, le 30 prairial an II (18 juin 1794), à onze heures du matin, à cette vente publique.

Cinquante-cinq lots divers produisirent 856 liv. 13 s.

Les adjudications suivantes sont empruntées au facétieux procès-verbal de la vente :

« A Louis Jobert, de l'Etang, une vieille pièce de tapisserie pour . . . . 7 livres.

« A Jean-François Guitel, de l'Etang, plusieurs pièces d'indienne servant à cacher ces braves hommes de saints cy-devant. . . . . . 20 »

« A Gaspart Yvert, de l'Etang, une pièce de velour rouge venant du citoyen Saint-Vincent. 22 »
et un tapis de damas rouge . . . . 9 l. 10 s.

« A Nicolas Prieur, de l'Etang, plusieurs étoles . . . . 6 l. 3 s.

« A Barthelemy Desfausses, de l'Etang, quatre lots de bois. . . . . 48 livres.

« Au citoyen Guerrier, de Saint-Germain, deux guidons des cy-devant confrériés . . . . 26 »

« Le petit garçon de Saint-Vincent dans son petit appartement . . . . 6 l. 3 d.

« Au citoyen Roland, de Saint-Germain, une niche et plusieurs petites corbeilles servant au cy-devant Saint-Sacrement . . . . 9 l. 1 s.

« Au citoyen Jean Bellavoine, maire, le 55e lot, formé d'un tas de pierres dans lequel sont compris les corps de quelques cy-devant saints pour 106 l. 10 s. »

Rien ne s'opposait plus à la transformation définitive de l'église en temple de la Raison. Les maçons Claude Poulallié et Jean Monduit furent mis en concurrence pour le travail de cette transformation ; Jean Monduit fut déclaré adjudicataire au prix de 200 livres.

Le travail comprenait « une toise, vingt-cinq pieds d'enduit, trois toises de carrelage, la fourniture d'un cent de carreaux et d'une pierre pour former l'autel, ainsi que la boisure à faire pour l'entourer et les marches pour y monter ». Quelques travaux, non prévus au devis, nécessitèrent un nouveau prélèvement en faveur de Jean Monduit de 80 livres sur le produit de la vente des « effets superstitieux ». On disposait cependant encore de 576 livres. Quel emploi judicieux trouva-t-on moyen d'en faire ?

On songea d'abord à « détruire la flèche du clocher qui est d'un entretien coûteux et qui porte encore à sa pointe un vestige du fanatisme détruit dans cette commune dès les premiers coups que lui portait la vengeance nationale (1) » ; mais cela pouvait entraîner une grosse dépense, et l'on se contenta de faire marché avec Claude Poulallié pour exhausser l'autel, « pour effacer et barbouiller les places au pourtour du temple dans lesquelles il y avait des armoiries, pour la fourniture de la pierre rocailleuse aux trois couleurs (?) et le bas de l'autel à peindre en petit gris rembruni » ; et avec Marin Poulallié fils, maçon à l'Union-

(1) Délibération du 2 thermidor an II (21 juillet 1794).

la-Bretèche, « pour la descente de la croix qui était sur la flèche du clocher ».

Les coups de ciseaux de Claude Poulallié firent, entre autres beaux faits, sauter les fleurs de lys qui ornaient en relief l'extérieur des murs de la chapelle seigneuriale, emblème de la souveraineté du roi par lequel s'était affirmée l'idée de patrie et par conséquent l'idée démocratique à une époque où la féodalité expirante disputait encore le sol de France à la Couronne. En dépit de ce vandalisme, la trace des fleurs de lys subsiste ; il est facile à l'œil prévenu de la découvrir.

Plus heureuses furent les sculptures qui supportent la voûte de cette même chapelle. Les quatre évangélistes qu'elles représentent furent noyés dans du plâtre, ils purent être dégagés plus tard de leur enveloppe préservatrice et réapparaître dans leur intéressante originalité ; mais que de précieux souvenirs furent saccagés ! Une litre funèbre aux armoiries des Séguier et des Fonton fut « barbouillée » suivant les conditions du marché. Les inscriptions pieuses, sur les murs et sur les pierres tombales, furent effacées ; mais l'église aux murs désormais vides et froids semblait mieux mériter le nom de « temple » qu'on prononçait avec emphase.

Cependant, la Terreur venait de prendre fin avec la journée du 9 Thermidor qui vit la défaite du parti jacobin à la Convention. Dociles, comme ils le démontrèrent par la suite, à tout changement de gouvernement, les notables de *l'Etang-les-Sources* ne manquèrent pas de flétrir les haines qui les animaient quelques jours auparavant. Dès le 27 thermidor (15 août 1794), ils trouvent opportun de glisser dans une délibération « qu'en ce moment l'énergie de vertueux législateurs remplaçait la terreur qu'inspirait le Cromwell Triumvir et Catilinat par la justice (*sic*) ; qu'en conséquence, il était du devoir de tout bon républicain de s'empresser à la mise en liberté des patriotes opprimés ».

Le ton des délibérations qui suivent se ressent de l'apaisement général. On réclame encore (22 frimaire an III — 13 décembre 1794), mais en termes modérés, l'affectation du presbytère à l'école publique, « parce que le local où se fait en ce moment l'école étant du bien de l'ex-fabrique (maison du Cabaret), peut être vendu sous peu de temps et que le Conseil est préoccupé d'en assurer un qui soit susceptible de recevoir les enfants du hameau de la Montagne et de Demonval, éloignés de leur chef-lieu de commune (1) ».

Un an plus tard, on revient sans bruit à la dénomination de *l'Etang-la-Ville*, et, par application de l'article 28 de la nouvelle Constitution, on procède le 15 brumaire an III (8 novembre 1795) à des élections qui amènent à la municipalité des hommes tranquilles et sages qui s'étaient tenus à l'écart des manifestations révolutionnaires. Antoine Blondeau est proclamé agent municipal, Théodore Lemaire est élu adjoint; tous les deux, il convient de le noter, étaient d'une origine étrangère à la commune.

Le « temple » a cessé d'abriter des saturnales. Il sert encore aux réunions publiques que motivent des élections ou des fêtes, mais on en parle et l'on s'y tient avec décence. Le Conseil de la commune se réunit dans la sacristie qui est devenue la maison commune. Gilles Blondeau, instituteur et secrétaire-greffier du Conseil de la commune, s'est octroyé le presbytère pour logement.

La location de la grange des dîmes et son jardin, primitivement dévolue à Pierre-Thomas Levée pour 40 livres, avait été adjugée à Jacques Prieur, au prix de 60 livres pour un an (3 août 1795).

Les autres biens de la Fabrique avaient été loués; la vigne de la « Volandrie » et le pré de 5 perches à « Jumelles » : 36 livres 10 sols à Saturnin Aubrun, le 4 mai 1795; l'ancienne maison d'école : 71 livres, à la veuve de Alexandre Cheron, ancien jardinier du château, dont le gendre, Jean Aubrun, était caution; la maison vicariale en deux parties : le bâtiment sur la rue à Jean Aubrun : 36 livres; le bâtiment sur la cour : 40 livres, à Nicolas André; la maison du « Cabaret » servait de maison d'école.

La pièce de terre de la « Béquillette », la pièce de bois du « Val-de-Cruye » n'avaient point trouvé de locataires et étaient en friche.

Tel était l'état des biens de l'église de l'Etang-la-Ville, quand, en vertu de la loi du 28 ventôse an IV (20 mars 1796), ils furent mis en vente comme biens nationaux.

Le presbytère, son jardin, la grange des dîmes et le jardin attenant furent adjugés, le 28 fructidor an IV (15 septem-

(1) La Montagne et Montval dépendaient alors du Pecq.

bre 1796), à Philippe Boissard, de Marly, pour la somme de 2,700 livres. La maison du « Cabaret », les deux corps de bâtiment de la maison vicariale, l'ancienne maison d'école, la pièce de vigne de la « Volandrie », la pièce de terre de la « Béquillette » furent adjugés, le 21 brumaire an V (12 novembre 1796), à Jean Monduit, maçon à l'Etang-la-Ville, pour la somme totale de 2,920 livres. Les deux autres pièces ne trouvèrent pas acquéreur; elles furent plus tard restituées à la Fabrique; l'une, la pièce du « Val-de-Cruye », fut vendue, il y a peu d'années, au vicomte de Beaumont, propriétaire de l'Auberderie, qui l'engloba dans son parc; l'autre, la pièce de « Jumelles », appartient encore à la Fabrique : elle est en friche.

De 1797 à 1802, aucun événement intéressant l'église désaffectée et le culte supprimé ne paraît s'être produit. A l'administration municipale d'Antoine Blondeau a succédé celle de Claude Bellavoine et de Jean-Pierre Barbier; le premier élu agent municipal, le second, adjoint, le 12 germinal an VIII (3 avril 1799). Ces élections marquaient une réaction certaine au profit des idées avancées, toutefois restée sans conséquences.

III

RÉTABLISSEMENT DU CULTE

C'est le 15 juillet 1801 que fut signé par Bonaparte, premier Consul, et par le cardinal Consalvi pour le pape Pie VII, le Concordat qui rendait à la France catholique ses églises et ses prêtres. En certaines provinces, le peuple, très attaché aux idées religieuses, salua de son enthousiasme et de son empressement cet acte d'une diplomatie avisée, dans lequel les deux parties contractantes avaient trouvé respectivement leur compte. En fut-il ainsi partout? Evidemment non.

Ce qui se produisit alors à l'Etang-la-Ville se rencontra dans un grand nombre de localités. Et ce n'est pas un des moindres mérites politiques de Bonaparte, rendant la religion à ceux qui la regrettaient, que celui de l'avoir imposée à ceux qui n'en voulaient plus.

C'est encore aux délibérations du Conseil de la commune qu'il convient de se reporter pour saisir, dans ses sentiments intimes, le villageois soucieux de n'avoir point à débourser pour s'assurer l'aubaine de biens purement spirituels.

Le deuxième jour complémentaire de l'an X (21 septembre 1802), le Conseil assemblé « pour délibérer sur l'exercice du culte catholique dans la commune », qu'une lettre du préfet de Seine-et-Oise, en date du 26 fructidor (15 septembre), incite à assurer par l'appropriation d'un immeuble au logement d'un curé, déclare qu' « il est impossible que l'on puisse établir aucun impôt sur la commune pour le logement du ministre, vu qu'il y a beaucoup de réparations à faire au temple, qui périt de jour en jour; que le presbytère et les maisons appartenant à la Fabrique ont été vendus par le Gouvernement; que, depuis trois ans, les récoltes sont manquées totalement, que les trois quarts des habitants sont sans pain, que le pain augmente tous les jours de prix, que les contributions sont augmentées pour l'an XI de plus des deux tiers, etc... », et que la commune ne peut en conséquence et en aucune façon assurer le logement d'un prêtre.

Depuis dix ans, déshabitués des pratiques religieuses, les habitants de l'Etang-la-Ville n'étaient pas disposés au petit sacrifice d'argent nécessaire au rétablissement du culte, et pour excuser leur résistance vis-à-vis d'une autorité qui, sous le Consulat, portait les germes des volontés impériales, ils se disaient encore plus pauvres qu'ils n'étaient.

L'Evêque, quelques jours après, n'eut pas plus de succès que le Préfet. Il semble même qu'on se moque un peu de lui :

« Le 9 nivôse an XI (31 décembre 1802), le Conseil assemblé afin de faire réponse à Monsieur l'Evêque de Versailles sur un prêtre qui est venu se présenter dans la commune comme desservant; vu que la commune a été légalement convoquée en Assemblée générale les jour et fête de Noël, à midi, tant par la cloche que par la caisse, à l'effet de délibérer et d'aviser aux moyens de pourvoir tant aux réparations qui se trouvent à faire à l'église que pour le logement du prêtre et enfin des effets qu'il est nécessaire d'avoir pour le culte catholique; vu que personne ne s'est trouvé dans ladite Assemblée que les membres du Conseil et deux ou trois personnes de la commune; arrête : qu'extrait du présent sera envoyé à Monsieur l'Evêque pour lui en donner communication, afin de nous donner les renseignements nécessaires à cet effet et quels moyens il y a à employer pour ce sujet. »

Mais l'autorité préfectorale se manifeste de nouveau, et le 29 ventôse an XI (19 mars 1803), on comprend dans l'établissement du budget de l'an XII une dépense de 150 francs pour location de logement et jardin d'un curé, vicaire ou desservant, et une autre dépense de 200 francs pour frais d'établissement et d'entretien des objets du culte.

C'est trop peu. Une nouvelle circulaire du Préfet aura d'autant mieux raison de cette parcimonie que la rivalité des clochers s'en mêle; l'Administration avait eu l'ingénieuse idée de proposer un seul desservant avec résidence à Mareil pour les trois communes de l'Etang, Fourqueux et Mareil-Marly, et naturellement, le Conseil municipal de Mareil s'était empressé de trouver cette solution excellente (1). Aussi, se hâte-t-on à l'Etang, le 9 prairial an XII (30 mai 1803), de consacrer 300 francs à l'achat d'objets nécessaires au culte et 247 francs aux réparations urgentes que réclame l'église. C'est au maçon Claude Poullalié, payé neuf ans auparavant pour son rôle de vandale et d'iconoclaste, qu'échoit, le 5 thermidor (25 juillet) de la même année, la soumission des travaux à faire pour réparer une partie des dégâts qu'il a commis.

Par dépit, peut-être, de ce retour un peu forcé de l'Etang-la-Ville à la religion des ancêtres, Claude Bellavoine donna sa démission de maire. Il fut immédiatement remplacé, suivant arrêté préfectoral du 9 thermidor (30 juillet), par Antoine Blondeau, le pacifique, et, dès lors, nul obstacle, nulle résistance n'entraveront l'installation d'un desservant dans la commune, la restauration de l'église et les pratiques religieuses.

Le premier desservant concordataire fut l'abbé Julien Mauduit; on le logea, en attendant mieux, dans la maison du citoyen Saulnier, demeurant à Marly, que la commune avait louée au prix modeste de 60 francs par an. Le 9 juin 1804, le nouveau curé votait, avec la majeure partie des notables de l'Etang-la-Ville, « pour l'hérédité de la dignité impériale par la descendance de Buonaparte ». Il se trouvait donc en communauté

(1) Délibération du Conseil municipal de Mareil du 27 thermidor an XII.

d'opinion avec ses paroissiens, et ceux-ci lui ménagèrent d'autant moins leurs gentillesses que l'on parlait encore à l'Evêché ou à la Préfecture de la réunion de la paroisse de l'Etang à celle d'une commune voisine.

On s'ingéniait à faire preuve de bonne volonté, et tandis qu'on sollicitait du Préfet — vainement, du reste — quelques secours pour l'édification ou l'achat d'un presbytère, on trouvait, de-ci de-là, au fond des tiroirs municipaux, de nouveaux subsides pour améliorer « l'équipement de l'église » : 308 francs le 11 mai 1804, 240 francs le 4 janvier 1805; et, pour bien légitimer l'emploi de ces sommes, on arguait de l'absence d'indigents dans la commune, en oubliant évidemment le tableau de misère quasi générale qu'on présentait naguère pour s'éviter les frais de rétablissement du culte.

Le Conseil de fabrique, reconstitué, se composait de *Claude Peltier*, de *Louis Jobert*, de Théodore Lemaire, nommés par le Préfet; de Vincent Boivin et de *René Bicheret*, nommés par l'Evêque. Les noms en italiques de ces marguilliers sont de ceux qui figuraient six ans auparavant au bas des délibérations les plus hostiles à la religion catholique, et, pour comble de logique, *Gilles Blondeau*, le rédacteur de ces délibérations, avait repris les fonctions de sacristain dans lesquelles il avait débuté à l'Etang en 1788!

Les lamentations sur le défaut du presbytère finirent par émouvoir un riche habitant de la commune, M. du Merle, devenu récemment propriétaire du manoir de l'Auberderie. Il se rendit acquéreur de l'ancienne cure et l'offrit à la commune, non point à la Fabrique, le 14 mai 1809, pour y loger le desservant, à la condition qu'il jouirait gratuitement dans l'église, lui, ses descendants et successeurs dans sa terre de l'Auberderie, de la chapelle de la Vierge; et Gilles Blondeau, l'éternel sacristain, maître d'école et secrétaire de la mairie, qui ne s'oubliait jamais, ajoutait en marge de la délibération aux termes de laquelle la généreuse proposition de M. du Merle était acceptée, comme une autre condition du donateur : « l'instituteur *utile et nécessaire* recevra une indemnité de logement de 60 francs ».

Le Conseil municipal fut officiellement autorisé à accepter la donation et à remplir la condition exigée, par arrêté préfectoral du 23 septembre 1810. C'est ainsi que fut rendu à sa destination le presbytère des curés de l'Etang-la-Ville. Il la conserve aujourd'hui. La conservera-t-il longtemps encore?.....

IV

LES CIMETIÈRES. — LES CROIX

Au-dessus de la « Côte du Moulin », près du « Chemin-Pavé », est un lieu dit le « Cimetière ». Rien dans l'histoire de l'Etang-la-Ville ne peut révéler d'une façon certaine l'origine de ce nom. Peut-être, à une époque reculée, a-t-on découvert des ossements en ce lieu? — ossements : préhistoriques, comme ceux du « Cher-Arpent » (1)? gallo-romains? de l'époque mérovingienne? Toutes les hypothèses sont admissibles. Mais il en est une à laquelle on peut s'arrêter :

Le centre habité de l'Etang-la-Ville paraît de création postérieure à celle des hameaux de Chevaudeau, connu depuis Charlemagne, et de la Haute-Pierre, datant de l'époque préhistorique. Un autre hameau dit du « Chemin-Pavé » subsistait au XVIIe siècle. Il est fort possible que les habitants de ces hameaux, qui furent les devanciers des Stagnovillois, aient eu leurs sépultures premières en ce lieu.

Quoi qu'il en soit, c'est sous les murs de l'église Notre-Dame de l'Etang-la-Ville qu'avec l'édification de celle-ci, au XIe siècle, croit-on, fut ménagé le cimetière de la paroisse. Le terrain qui dévale au nord de l'église surplombait anciennement en terre-plein le chemin, aujourd'hui Grande-Rue, qui conduisait seulement alors à la Montagne et à Marly. Un mur de 6 pieds en formait le soutènement, et c'est dans ce terre-plein qu'étaient enterrés les morts à qui les honneurs de l'inhumation dans l'église n'étaient point réservés. Une source d'eau claire y sourdait et inondait l'étroit chemin.

Si exigu que fût ce cimetière, il fut suffisant jusqu'à la fin du XVe siècle. C'est à cette époque que Blaise Séguier fit l'acquisition de la seigneurie de l'Etang-la-Ville, construisit la chapelle seigneuriale, et, cette construction étant venue restreindre la

(1) Lieu-dit, sur le territoire de l'Etang-la-Ville, enclos dans le parc du château.

surface du cimetière, il donna, de l'autre côté du chemin, le terrain d'un nouveau et plus spacieux champ de repos (1506). Dès lors, il y eut deux cimetières, dénommés le petit et le grand, ou encore, le cimetière d'en haut et le cimetière d'en bas.

Le cimetière d'en bas ou grand cimetière, de plus d'un mètre en contre-bas du chemin, était, comme le petit, entouré de murs (1). Une croix centrale y dominait les tombes, et c'était, à défaut de l'inhumation dans l'église, un hommage particulier rendu à la dépouille d'un paroissien que la sépulture au pied de cette croix (2).

Dévalant au nord en pente accentuée, le grand cimetière aboutissait au lieu dit le « Cabaret », sur le jardin et la maison des Badon (1603) (3). Il était borné à l'est par la limite de la paroisse, au lieu dit la « Trouillardrye », à l'ouest par le passage que Blaise Séguier s'était réservé pour aller de sa maison seigneuriale à l'église.

La disposition de ces cimetières n'a subi aucun changement durant trois siècles et demi. Mais, vers 1620, s'était ouverte, entre la Trouillardrye et le Cabaret, se raccordant au chemin de la Montagne et Marly, la route du Pecq et de Saint-Germain que Tanneguy Séguier avait ménagée en bordure de son parc, en sorte que le principal accès du village était une traversée de cimetière. A cette macabre contrainte s'ajoutaient les inconvénients résultant des difficultés de la jouissance banale de la source du petit cimetière. Cette source s'écoulait dans le chemin, du chemin dans le grand cimetière; on y puisait dans les mares qu'elle formait un peu partout, et, à une époque où toutes les traditions

(1) Le 27 avril 1643, les marguilliers Pierre Martineau et Nicolas Despoitz font marché avec Symon Riet, de la Montagne, pour la fourniture des pierres et matériaux nécessaires à la « restauration des murailles et clôtures des cimetières ». (Minutes du notaire de l'Etang-la-Ville.) Le 8 messidor an X (28 juin 1802), la municipalité adjuge au maçon Monduit, pour 47 francs, « les travaux à faire au mur de terrasse du petit cimetière longeant le grand chemin, pour retenir les terres, qui sont de la hauteur d'environ cinq à six pieds, avec le retour du petit escalier pour monter à l'église des deux côtés ». D'autres réparations furent faites à ces murs en 1826 et 1847. (Délibérations du Conseil de la commune.)

(2) Antoine Dauvillay, mort à quatre-vingt-dix-huit ans, ancien domestique de la duchesse du Lude, dame de l'Etang-la-Ville, fut inhumé le 4 mars 1700 « dans le grand cimetière, proche la Croix ». (Registres paroissiaux.)

(3) Cette maison et ce jardin furent vendus en 1682 par Geoffroy Badon, tisseur de toile, à Denis Chastelet, jardinier. Jean-Baptiste Barbier les acquit des héritiers Biberon en 1754. Ils ont été enclos dans le parc du château en 1905.

de respect subirent un formidable assaut, il fallut réagir contre de scandaleuses pratiques.

C'est dans les termes suivants que, le 7 pluviôse an II (27 janvier 1794), le Conseil général de la commune y mit bon ordre :

« Considérant que des républicains doivent avoir pour base l'humanité et la justice; considérant qu'un champ de repos où reposent nos pères ne doit être interrompu tant par des lavoirs publics que par les bestiaux qui y vont paître journellement, et ouï l'agent national, arrête : qu'à compter dudit jour il est fait défense à toute personne, telle qu'elle puisse être, de s'immiscer dorénavant à faire des lavoirs dans le champ de repos, à peine de dix livres d'amende pour la première fois, et du double en cas de récidive, et que ceux qui y vont ordinairement puiser de l'eau seront invités d'en fermer la porte par une affiche à la porte dudit lieu. »

Au surplus, la question de salubrité, dont on se préoccupait peu dans les siècles passés, finit par se poser officiellement. Au milieu du XIXe siècle, les municipalités furent invitées à désaffecter les cimetières qui touchaient les églises au centre des agglomérations, et c'est en 1854 que l'on décida, en principe, le déplacement de celui de l'Etang-la-Ville. En 1856, la source est enfermée sous un édicule en maçonnerie; une pompe en facilitera et en restreindra l'usage. En 1857, le choix du Conseil municipal, à la recherche d'un emplacement convenable pour le nouveau cimetière, s'arrête sur des terrains, lieu dit la « Chancellerie », en bordure de la route qui conduit à la Montagne et à Marly, « de manière à ce que son exposition soit au nord, à ce que la vue en soit masquée autant que possible et à ce que les corps ne soient pas placés dans l'eau, ainsi que cela arrive souvent dans le cimetière actuel (1) ».

En 1858, M. Revelière, propriétaire du château, fait don de tous les matériaux nécessaires à la clôture du terrain choisi, et la translation facultative des sépultures de l'ancien dans le nouveau cimetière est commencée la même année. L'ancien cimetière n'a été désaffecté toutefois qu'en 1866. Un marché fut alors passé, au prix de 230 francs, avec Gabriel Chevalier, maçon (2), pour le

(1) Délibération du 20 novembre 1857.

(2) Délibération du 14 mai 1866.

nivellement des terrains et l'enlèvement des emblèmes funéraires. Les terres du petit cimetière, aménagées en pente douce, de l'église au chemin, permirent de remblayer le grand, qui fut planté de marronniers et devint, ce qu'il est aujourd'hui, la place de l'Eglise.

Le sol de cette place était encore meuble, quand, en janvier 1871, une batterie de l'artillerie allemande, au cours de ses évolutions, eut la mauvaise idée d'y cantonner ses pièces de canon. Les roues enfoncèrent jusqu'aux moyeux; il fallut du renfort pour les dégager.

Les vieux habitants de l'Etang-la-Ville n'ont pas perdu le souvenir de l'ancienne destination de la place de l'Eglise, qu'ils appellent le « vieux cimetière » et où les ossements humains abondent à fleur de terre. Aussi, n'est-ce pas sans chagrin qu'ils ont vu, ces années dernières, s'y installer, à l'occasion de la fête patronale de Sainte-Anne, les chevaux de bois et les baraques foraines.

Le nouveau cimetière, définitivement aménagé suivant un plan dressé par Chennevière, géomètre à Marly, en 1886, est aujourd'hui ombragé par quelques sapins âgés de quarante ans; il est masqué au sud par des tilleuls plantés en 1897. Une croix de fer sur socle en pierre y a été érigée en 1875 (1).

Les croix étaient anciennement nombreuses dans le pays. « On en comptait jusqu'à quatre, de Marly à l'Etang », dit M. C. Piton dans son *Histoire de Marly* : « la croix du Champ des Oiseaux, la croix Maurice, la croix de la Montagne et une autre encore. »

Cette « autre » croix existait en 1892; elle se trouvait à la rencontre de la grand'ruelle (chemin vicinal n° 2 de l'Etang à Marly) et du chemin de la berge (chemin vicinal n° 3 de la Montagne à la Garderie). Petite croix moderne en fer sur poteau de bois, et sans défense, elle a été brisée pendant la nuit par un inconnu.

(1) Cette croix a été fournie par Boiteux, marbrier à Carrières-Saint-Denis. Elle a coûté 500 francs à la commune.

Encore une croix disparue : « la croix Saint-Michel », dans la forêt de Marly, sur le territoire de l'Etang-la-Ville, dont tous les promeneurs épris de la belle forêt et de ses beaux sites connaissent l'emplacement remarquable. Erigée en 1714, par ordre du cardinal de Noailles, archevêque de Paris, après la démolition de l'antique chapelle de Saint-Michel de Chevaudos et pour en marquer le souvenir, elle fut détruite aux environs de 1864 par des bûcherons en ribote et précipitée dans le profond ravin qu'elle dominait. Le fût en pierre qui constituait la partie principale du petit monument, et au sommet duquel était fixée la croix de fer, gît encore, caché sous les fougères, au fond de ce ravin. Une partie de l'ancien socle est déposée chez un des gardes de la forêt. L'Administration forestière s'honorerait en rétablissant cette croix, souvenir de l'un des plus anciens vestiges de la civilisation dans la région.

Une croix très curieuse et d'un style dont il est difficile de préciser l'époque s'est trouvée enfermée dans le parc du château lorsqu'en 1861, au moment de la rectification de la route qui conduit à Saint-Germain (chemin des Fonds), M. Cor, alors propriétaire du château, porta son mur de clôture jusqu'au chemin rectifié. Placée à l'extrémité du territoire de l'Etang-la-Ville, à la rencontre des chemins qui limitent cette commune et celles de Marly et de Mareil, elle était la sentinelle avancée du village.

Le monument se compose d'un piédestal sans intérêt et moderne, d'une élégante colonne carrée de 2m,50 de hauteur, en trois morceaux de pierre des carrières de Saint-Nom, et d'une croix fleurdelysée de fer avec Christ en étain. Les sculptures de la colonne représentent les instruments de la Passion et diverses figures que l'usure du temps a douloureusement marquées.

C'est au milieu du village que subsiste dans l'apparat de sa fondation, mais non pas dans sa première forme, la croix principale :

Au carrefour formé par le croisement de la « rue d'en bas » avec la « chaussée de l'Etang » et le sentier qui montait « sur les jardins », fut solennellement érigée et « bénite le 9 octobre 1773, jour de la Saint-Denis, la croix de pierre établie par la libéralité de Raphaël Bicheret et Marie-Marguerite Bellavoine, sa femme », par le curé Durand, « en présence de Messire

Edouard-Salomon Fonton, seigneur de la paroisse, et de presque tous les paroissiens » (1).

Cet emblème religieux était trop en évidence pour échapper aux manifestations qui se produisirent à l'Etang-la-Ville, on l'a vu plus haut, à l'époque de la Révolution. La croix fut démolie et mutilée, et, le 12 juillet 1794, à la requête du citoyen René Bicheret, membre du Conseil de la commune, « tendant à solliciter la tranquillité publique sur différents mauvais discours qui existaient au moyen de ce que la ci-devant croix posée par feu son père en 1773 lui a été accordée; l'agent national entendu, le Conseil arrête que les débris provenant d'icelle croix appartenaient à la veuve Raphaël Bicheret » (2).

Le socle, portant la date de 1773, était cependant resté en place, et il y fut élevé, après la tempête, la croix qu'ombragent aujourd'hui quatre marronniers bien venus que, depuis 1845, on élague tous les quatre ou cinq ans (3).

(1) Registres paroissiaux.

(2) Délibération du 24 messidor an II.

(3) Délibération du 15 août 1845.

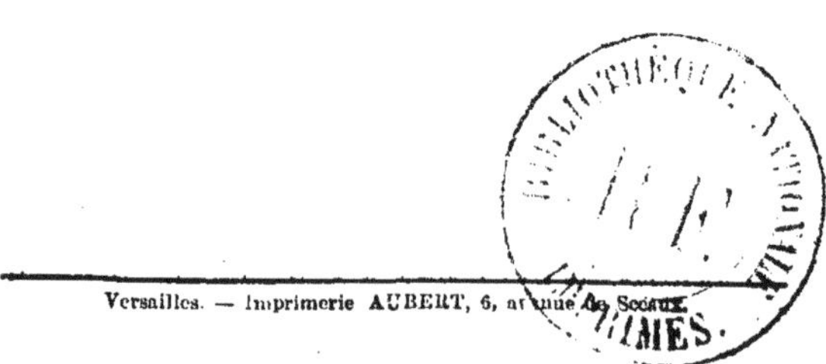

Versailles. — Imprimerie AUBERT, 6, avenue de Sceaux.

www.ingramcontent.com/pod-product-compliance
Ingram Content Group UK Ltd.
Pitfield, Milton Keynes, MK11 3LW, UK
UKHW021036260726
13994UKWH00005B/2178